シリーズ・女の幸せを求めて
生長の家『白鳩』体験手記選⑦

生きる意味を知ったとき

日本教文社編

日本教文社

目次

装幀　松下晴美

編者はしがき

この「シリーズ・女の幸せを求めて　生長の家『白鳩』体験手記選」は、生長の家にふれて、幸せを得た女性の体験を紹介する、小社刊行の『白鳩』誌の「体験手記」をテーマ別に精選編纂したものです。本書中の年齢・職業・役職等は同誌に掲載された当時のもので、手記の初出年月はそれぞれの末尾に明記してあります。

シリーズ第七巻の本書は、生きることの意味を真剣に求め続けた女性が、生長の家に出合い、喜びの新生を遂げた体験を紹介します。「神の子」としての自分に目覚めて、この世に生まれた喜びや、心からの安心感を得た体験など、真理を求め続ける中で得られた貴重な体験が綴られた本書は、読者を「神様の御心を生きる」喜びの人生へと導いてくれることでしょう。

日本教文社第二編集部

生きる意味を知ったとき、すべてが輝きだした。いま、学びの喜びを感じて…

千葉県松戸市＊須部久子《すべひさこ》（46歳）

新しき白き衣を着させたまえ

「み心ならば救いたまえ。古き衣を脱ぎすてて新しき白き衣を着させたまえ」（新訳聖書コロサイ人への手紙より）

私の好きな祈りのことばを口の中で呟《つぶや》きながら、私は肝臓病治療のために、淡路島の断食道場を訪れました。断食といっても、一種の食事療法で、徐々《じょじょ》に食事の量を減らし、またもとにもどしていくのです。

十日目だったでしょうか。田んぼ道を歩くと、夏草が生い茂り、稲が鋭く伸びています。猿滑《さるすべ》りのピンクの花が、民家の土塀《どべい》からぼうぼうとはみ出して、暑苦しく咲いていました。見苦しいほど生き生きと……。見上げる空は鮮やかな青。めくるめく感覚が私を襲いました。

私は何者かに生かされている。大きな生命の世界に生きている……ふと垣間《かいま》見た世界。それは、驚き立ちつくす私の前から遠くへ行ってしまい、再び引き寄せることができない……


私は、ブリキ職人の親方だった父にかわいがられて大阪で育ちました。四、五歳頃、父の肩車に揺られて、風呂屋に通ったものです。父の頭の感触と、私がつかんでいるブリキで作った小さなバケツを、顔の前から払っていた父の仕草が懐かしく思い出されます。

また、もう一つ思い出深いことがあります。それは、弟が大学に入ったとき、私はとてもうらやましい気持で弟を見上げました。一つ部屋にいた父が、私の心の動きを感じたのか、すまなさそうにうつむきました。

大阪から兵庫県に移転し、私が高校三年を迎えたとき、昔気質《かたぎ》の父は女に学問はいらないと言い、進学に反対したのでした。当時は、最も学園紛争の盛んな時代でしたから、

生きる意味を知ったとき、すべてが輝きだした。いま、学びの喜びを感じて…

「生かされていることに感謝し、今を一所懸命生きることが、この世に生まれてきた使命を果たすことにつながると思います」と須部久子さん

そうした不安もあったのだと思います。

しかし、私は父の反対で進学を断念したことで、大きな挫折感を味わったのでした。あの頃父は会社経営をし、経済的に何一つ不自由はなく、又、風流な事が好きな父は、私に踊り（日舞）や琴など、習わせてくれたのに、大学だけはなぜだめなの――？

挫折感と劣等感、そして父への反抗心から大手生命保険会社へ高等学校からの推薦で就職し、労働運動にのめり込んでいきました。

私は、心底打ち込めるものが欲しかった。

神を否定し、物質の平等を主張する運動を続けるのですが、心は虚《むな》しさを増す一方でした。仲間が運動を口実に男女交際をしているように思えて、不潔に感じたり……

いつの間にか、会社では仲間外《はず》れ、減俸という制裁が加えられました。労働者の生活の向上のために活動しているのに、なぜ疎外されるのか、きちんと仕事をしているのに、なぜ減俸されるのか。私はあらゆるところで矛盾に苦しみ、明確な答えが得られないまま、ノイローゼ状態に陥《おちい》っていきました。

大学と同じ四年間だけ会社に勤め、活動家としても、女子部の副部長を務めたところで全《すべ》てを辞《や》めました。

自宅にこもり、日本舞踊の名取の資格を生かして教室を開きました。お稽古に来る子どもたちはかわいいけれど、虚《むな》しいのです。

「なんのために生きているのか」この命題が頭から離れません。

うつうつとした毎日でした。もし、父と母の悲しみを考えないでいいのなら、いっそ死んでしまいたい、と思い詰めていたのです。

父に、糖尿病治療のために行った断食道場がよかったから、肝臓が悪い久子もどうかとすすめられ、淡路島に渡ったのは、二十七歳の夏でした。家に聖書の講義に来てくださる方もあり、新訳聖書の中に好きなことばを見つけたのもその頃です。

結婚…きっとこの人に救われる

須部と見合いをしたのは、淡路島から戻って間もなくのことです。須部の履歴書の宗教の欄に「キリスト教」とあり、その文字が目に飛び込んで来たとき「この人と結婚して私は救われる」と直感しました。話はとんとん拍子にすすみ結婚。翌年には長女・真理子が誕生しました。

九ヵ月で生まれた未熟児でした。はじめて保育器の中で小枝のような手足をうごめかしているわが子を前にしたとき、声が聞こえてきました。

「お母さん、私、何のために生まれてきたの」

年頃になった真理子が私に問いかけます。私は答えられない……。そう思ったのは幻想で、真理子は赤ちゃんのままガラスケースの中にいるのでした。

その声は、とりも直さず私の青春の日の悩みそのものでした。この子が大きくなるまでに、なぜ私たちはこの世に生まれ、何をして生きたらいいのか、答えられるような母親になりたいと、私は切に思いました。


商社マンの夫に従って、広島、大阪、千葉とそれぞれ何年か暮しました。

夫と子どもの世話をし、家事をやり、パンフラワー作りを習ったり、書道に励《はげ》んだり、平凡な日々が流れてゆきます。

松戸にきてから、主人の信仰に従って、私と二人の子どもたちは受洗《じゅせん》し、日曜の礼拝を一週間のスタートとする生活が習慣になっていました。けれども、なにか満たされないものを常に感じていたのです。

昭和五十九年のある日のことでした。自宅でささやかに開いているお琴の教室の生徒の一人、松下明子さんから一冊の『白鳩』誌をいただいたのです。

はじめ「うちはキリスト教を信仰していますから、結構です」とお断りしたのですが、本を開いて、考えが一変しました。

〝琵琶湖の水も、淀川を流れる水も同じである。そのように、人間の生命も、神の大生命の流れと同じである〟

このことばに行き当たったとき、私は電流に打たれたようなショックを受けたのです。人は、一人一人孤立した存在ではなかったのだ！　すべてのものの背後には、それを創造し、生かしている大きな力が働いている……。

求めていたものとの出会い

古き衣を脱ぎすて、新しい白き衣を着るときが来たのです。

私は真理を求めて、主人と一緒に生長の家の講習会*に参加しました。そして、主人の許可をもらった上で、誌友会《しゆうかい》（信徒の集い）などに出かけるようになりました。

あの、二十七歳のとき垣間《かいま》見た生命の世界への扉が、開かれようとしていました。

生長の家の聖典である『生命《せいめい》の實相《じっそう》』（生長の家創始者・谷口雅春著、全四十巻、日本教文社刊）を買い求め、むさぼり読みました。これこそ私が求めていたものです。まるで、宝の山です。

すべてのものには中心があり、その中心に帰一することで、秩序が整う。どんな人の心の奥にも、神性や仏性と呼ばれるものが宿っている。神様からいただいた生命の世界には、悪も罪も病もなく、完全円満である、等々……。

読むほどに、生命の世界の大きなうねりが伝わってきます。生命を与えられた喜びが湧《わ》き上がってきます。私は、すべてのものに感謝できるようになっていきました。

ある集いに出席したときに、白鳩会*千葉教区連合会会長（当時）の君塚須三子先生に、「あなた、そんなにお勉強したいのなら、生長の家の講師の試験を受けてごらんなさい」と声をかけていただき、生長の家の講師になったのは昭和六十一年のことです。

青春の日の夢が叶《かな》い放送大学に入学

「講師ってなんだい？」

主人が聞きます。生長の家の教えを伝える仕事であることを説明すると、主人は、

「人に教えを説くならば、もっと人間としての人格と教養を磨かなければいけないよ。行った先では、いろいろなことを質問されるだろうから、それに答えられなかったら大変だ」

そんな話をした一ヵ月後、主人が、放送大学の案内書と、入学願書をプレゼントしてくれたのです。

嬉《うれ》しかったけれど、「いまさらそこまでしなくても」という気持も働き、ある晩、実家の母に電話しました。母は「あんなに大学に行きたがっていたんだもの、行かせていただいたら」と言います。

昭和六十二年桜の咲く四月、主人に手を引かれ、千葉の放送大学学習センターで行われた入学式に臨《のぞ》みました。四十三歳にして、憧れの大学に入学したのです。

会場には、髪の白くなった人、薄くなった人、若い人、男の人、女の人、実にさまざまな人が約三百人。こんなにも、勉強したい人がたくさんいたのか、と圧倒されました。教育学と心理学を専攻し、学生生活のスタートです。テレビとラジオを使った通信教育といっても、学習センターでのスクーリングや試験もあります。受験期の長女と長男と、一緒に勉強です。

あれから三年……昨年秋には、主人が単身赴任で、マレーシアのクアラルンプールに旅立ちました。朝、「おはよう」と、主人の写真に向かって挨拶することから、私の一日が始まります。ちょうど昨年秋から、私は深層心理学と、『生命の實相』を比較考察する卒業論文に取り組んでいます。

心理学者のユングが、「かつて、キリスト教が小アジアから全世界に広がって行ったのと同じように、世界が東洋の思想に染まるときが来る」と書いています。

私は、このユングの著書を読み、『生命の實相』哲学が、やがて世界に受け入れられる日を予感しました。少しでもそのお役に立てば、という祈りをこめて論文を書く毎日です。

自分の生命が、宇宙の大生命と一体であることを知ったとき、虚《むな》しさが消え、無限の可能性が広がっていきました。生かされていることに感謝し、今を一所懸命生きることが、この世に生まれてきた使命を果たすことにつながっているのです。

卒業を前に、亡くなった父のことを思います。父なるものの魂を主人が受け継いで、私に大学の入学申し込み書を届けてくれたような気がしてなりません。人格の向上と結び付いた学問が、今にしてできることを幸せに思います。

青春の日から求めていた確かなものに出会い、生きることの意味を知って、すべては生き生きと輝きはじめたのです。生きるって、ホントにすばらしい！

（平成三年一月号　撮影／原　繁）

＊千葉県松戸市＝現在は、マレーシア・クアラルンプールに在住。
＊講習会＝生長の家総裁、副総裁が直接指導する生長の家講習会。現在は、谷口雅宣副総裁、谷口純子生長の家白鳩会副総裁が直接指導に当たっている。
＊白鳩会＝生長の家の女性のための組織。

「人間は神の子」と知って自己処罰をしなくなり、さわやかな気持で生きられるようになりました

富山県魚津市　山田智子《やまだともこ》（52歳）

索漠とした日々に…

〝人間はなぜ生まれたのか〟〝人は何のために生きているのだろうか〟と、人生に疑問をもっていた私は、二十一歳のときカソリック教会を訪ね、翌年、母の反対を押し切って洗礼を受けました。そして、昭和四十四年十一月、二十五歳で設計技師の主人と結婚しました。笑顔がさわやかな主人は性格も温厚で、この人となら一生を共にできると思いました。三人姉妹の長女だった私は、結婚したら両親と同居して面倒《めんどう》をみるつもりで、主人も異論はありませんでしたが、当時の父はまだ元気に仕事をしていましたので、私たちは別に所帯をもって新生活をスタートさせました。

楽しいはずの新婚生活も、三ヵ月目くらいから主人の出張が重なるようになり、淋《さび》し

くて一人で泣いたりしました。翌年、長男が誕生。その二年後には次男に恵まれましたが、主人の出張は相変わらずで、私は幼い子どもを相手に「お父さんの留守が多くて、これではお母さんは、売薬（配置家庭薬の行商人）の家に嫁にきたみたいだわ」と愚痴《ぐち》をこぼしていました。カソリックの信仰をしながら、生活の中に生かすことのできないもどかしさ……。主人との会話も心が通わず、噛《か》み合わないところも出てきて、心の中は索漠《さくばく》としていました。

長男が小学校に入学する頃になると、私に対して反抗的になり、入学後も「僕、学校に行きたくない！」と、私を困らせるようになりました。〝このままではいけない〟と、私はいくつかの宗教の門を叩《たた》いて救いを求めました。父母への感謝と、先祖供養の大切さに気づかせてくれる宗教もありましたが、救いが得られるどころか、逆に、仏教とキリスト教との板挟《いたばさ》みに苦しむ始末。教会で出会った人からは、「早くこちらへ戻ってらっしゃい」と白い目で見られ、気持は落ち込む一方でした。

昭和五十三年、四番目の子を妊娠していたときです。その頃から時々、家のポストに『光の泉』誌*と『白鳩』誌が入っていました。気の向くままに頁《ページ》をめくっていますと、

「人間は神の子である」と書いてありました。私は「人間は罪の子」とカソリックで学んできましたから、それとは全く違う言葉に驚きましたが、読み始めると、不思議なやすらぎが湧《わ》き上がってくるのです。

今の心の状態では胎教にも悪い、他の子どもたちの教育にも影響すると思っていましたので、立ち直るきっかけを生長の家に求めようとの思いが、心の片隅《かたすみ》に芽ばえてきました。

ある日、夕食の準備をしていますと、生長の家の青年会*の人が訪ねてきました。忙しい時間帯でしたので満足な会話はできませんでしたが、「生長の家の練成会《れんせいかい》（合宿して生長の家の教えを学び、実践する会）が富山県教化部*で毎月開かれている」と教えてもらい、〝今が立ち直るチャンスだ。三月の練成会に参加しよう〟と心に決めました。

練成会が始まる当日、主人に電話で、「お願いです。練成会に行かせてください」と相談すると、駄目《だめ》だと反対されました。子どものことと妊娠中の私の身体への気づかいからでした。それでも私の決意は変わりません。主人には二、三日分の食事の用意をして、「私は生まれ変わってきます」と書き置きをして、黙って家を後にしました。上の

「人間は神の子で、そのままで素晴らしい存在とわかって、心の中にパッと光が射し込んできました」と山田智子さん

子ども二人は同じ市内に住む両親に預《あず》け、三番目の乳飲み子を背負い、ミルクとおむつを持って、四泊五日の練成会に参加しました。

心の中に光が射し込んできた

練成会は私にとって驚きの連続でした。「人間は神から出た光であり、光一元。神と人間は一体である」「神はこの世にひとりの罪人《つみびと》も創《つく》ってはいない。神は愛であるから人間も愛そのものだ」と言われるのです。私は教会で「人間は罪の子」、仏教では「人間は罪悪深重《ざいあくじんじゅう》の凡夫《ぼんぷ》」と教えられ、自己処罰したり自己嫌悪に陥《おちい》ったりしていたのです。でも、それは勝手に自分で自分を縛《しば》って悩み苦しんでいたのだと気づきました。そして「真理は全ての正しい宗教に共通する。万教《ばんきょう》は一つに帰一《きいつ》する」と教えられたとき、私の一番の悩みに答えが与えられました。登山口はそれぞれ違っても、行き着く頂上（真理）は一つだったのです。人間は神の子で、そのままで素晴らしい存在……。心の中にパッと光が射《さ》し込んできました。私が求めていた宗教にやっと出合えた！　歓《よろこ》びに飛び上がらんばかりでした。

聖経《せいきよう》『甘露《かんろ》の法雨《ほうう》』(生長の家のお経の一つ)には、「汝《なんじ》の父母《ちちはは》に感謝せよ。汝の夫又は妻に感謝せよ。汝の子に感謝せよ」とありました。読みながら訳《わけ》もわからず涙があふれ出てきました。「一切の人々に感謝せよ。天地の万物《すべてのもの》に感謝せよ。その感謝の念の中《うち》にこそ汝はわが姿を見、吾《わ》が救《すくい》を受けるであろう」。〝私はこれまで主人に心から感謝したことがあっただろうか？　いつも自分中心に物事を考えて、主人の立場を考えたこともなかった。出張が多いのも会社の仕事を一所懸命やっていればこそ。私たち家族を守るために汗水《あせみず》流して働いていてくれていたのだ〟……そう気がつくと、再び涙が頬《ほお》を濡《ぬ》らしました。長男が小学校へ入学した当時反抗的だったのも、私の心の反映だったと、分からせていただきました。

暗いトンネルからやっと抜け出て、さわやかな心境になった私は、練成会の三日目、一旦、家に帰りました。無断で留守をしたことを主人に詫《わ》びたいと思ったからです。心晴ればれと足取りも軽く、私の表情には一点の曇《くも》りもなかったのでしょう。主人は私の変化に驚き、続けて練成会を受けることを許してくれました。練成会会場に戻ってくると、「浄心行《じょうしんぎょう》」(過去に抱いた悪想念や悪感情を紙に書き出し、生長の家のお経を誦《あ》げながら燃やして心を浄《きよ》める行事）を受けました。今までのモヤモヤした気持を洗いざらい紙に書いて燃やすと、父母や、主人、子どもたちに、再び懺悔《ざんげ》の気持がこみ上げてきて、心の中で合掌しました。

帰宅してから、私は生長の家の教えを真剣に学ぶようになりました。

問題を解決するのは、この教えしか…

今から十年くらい前のことです。市内の中学校で校内暴力の嵐が吹き荒れていました。教室のガラスは割られる。壁は蹴《け》られて穴があく。一部の乱暴な生徒のグループによる行為に、教職員や、ＰＴＡの人たちも頭をかかえて、ただオロオロしていました。この問題を解決できるのは、生長の家の教え以外には考えられないと思った私は、生長の家の本を持って、乱暴を働く生徒の親御《おやご》さんを訪問して、「読んでみてください」と勧《すす》めました。当時、他校の校長をしておられた森田邦三《くにぞう》先生に会いに行き、「学校で暴れている生徒のお母さんたちを集めますから、ぜひ講演してください」とお願いしました。会場は学校以外の所を借りて準備を整《ととの》え、当日を迎えると、三十数人のお母さんが集まってくれました。森田邦三先生は、「人間は神の子だから、本来悪い子はいないのだ。むしろ観世音菩薩《かんぜおんぼさつ》*として、親や、先生の前にあらわれたのだ。子どもの実相（本当の姿）を拝んであげなさい」といったお話をしてくださいました。感動したお母さんたちが、もう一度、講話が聴きたいと言われるので、今度は、私の家を開放して森田邦三先生にご足労をお願いしました。やがて台風一過《いっか》のように、校内暴力は収まり、暴れた生徒たちもおとなしくなり、学校に平和が戻りました。

病念を捨て、感謝を深めて

神の子に病気はない、と教えられていながら、私は病気を摑《つか》んでしまったことがあります。今から二年ほど前のことです。母親教室*、誌友会（信徒の集い）をさせていただいていた私が、神想観《しんそうかん》（生長の家独得の座禅的瞑想法）の後に、急に心臓が苦しくなって倒《たお》れるように横になってしまいました。病院で診断してもらいますと、疲労と、ストレスと、更年期障害が重なったとのこと。そのうちに、全身の激しい痛みが起こり、このまま死ぬかもしれないと不安でいっぱいになりました。

こんなとき、頼りにしたい主人は単身赴任でいず恨《うら》めしくなりました。早く治したいと思った私は、県内の整体マッサージや、県外の治療院を回って歩きましたが、すっきりしません。そうして一年間も苦痛に耐えていたある日……〝お前は生長の家を忘れていないか！〟と、内なる声がささやくのです。〝そうだ、私は病気（症状）を掴《つか》んでいた。これでは治るわけがない〟。私は、病気を治そう、治そうとするのをやめました。もう病気のことはどうでもいいと思いました。そして、以前にもまして真剣に神想観に励《はげ》み、練成会を受けて心の洗濯をし、生長の家の月刊誌を持って愛行（戸別訪問）をしました。生長の家では、「更年期障害は天地一切のものに感謝する心を起こせば、ホルモンの平衡《へいこう》が回復して自然に治る」と説かれています。私の心のどこかに、感謝の気持が薄らいでいたのかもしれません。両親や、主人、子どもに感謝の想いを深めていきましたら、知らないうちに症状が薄らいできました。

五人の子宝は、それぞれ個性豊かに育ちました。長男は自分で福祉の仕事を選択して、お年寄りや、身体の不自由な人のお世話をしています。お年寄りから「あなたの笑顔で元気づけられる」と喜ばれるそうです。次男は長距離のトレーラーで全国をかけめぐっています。三男は自衛隊に入隊して、北海道で頑張っています。私が初めて練成会に参加したときお腹にいた長女は、看護婦さんになって人のお役に立ちたいと夢をふくらませています。末っ子の四男は元気に高校に通っています。どの子もみな、練成会に参加していますから輝いています。

来年の四月になると、五年間の単身赴任を終えて主人が帰ってきます。今では子どもの前でも平気で「あなた大好き」と言えますが、主人が帰ってきたら「お帰りなさい。長い間、ご苦労さまでした」と、新妻のような気持で迎えようと、今から胸をはずませています。

(平成八年九月号　撮影／田中誠一)

＊『光の泉』誌＝生長の家の男性向け月刊誌。日本教文社発行。
＊青年会＝生長の家の青年男女を対象とし、生長の家の真理を学び実践する会。
＊教化部＝生長の家の地方における布教、伝道の拠点。巻末の「生長の家教化部一覧」を参照。
＊観世音菩薩＝様々な人々の姿となって私たちを教え導かれる方を、ここでは観世音菩薩と見なしている。
＊母親教室＝生長の家の女性のための組織である生長の家白鳩会が主催する母親のための勉強会。お問い合わせは、最寄りの生長の家教化部まで。巻末の「生長の家教化部一覧」を参照。

光は、今ここに…〝愚か者〟から〝神の子〟の自分に生まれ変って

北海道北見市　井上洋子《いのうえようこ》（45歳）

眠れぬ日々

生長の家の教えを学ぶようになって二年が経《た》ちます。教えにふれる前は、自分でもどうしていいかわからないほどの悲しみの中にいた私でした。

私の両親は浄土真宗の熱心な信徒でした。しかし、母はいつも姑《しゅうとめ》や小姑《こじゅうとめ》との不調和で悩んでおり、私が中学二年生の頃、父は外に女の人をつくり、それが因《もと》で両親のいさかいが続くようになりました。

四年後、父はその女性と蒸発してしまいました。その時、母は、「この家に本当に父親が必要ならば、仏様は必ず帰して下さるにちがいない」と言って、私たち六人の子どもたちと一緒に、仏壇にお参りしました。その願いが通じてか、二年後に父はお坊さん

の姿で帰ってきました。それからは、家族中が仲良く暮らす平穏《へいおん》な日々が続きました。

昭和四十五年、私が二十三歳で結婚してしばらくすると、再び両親は不和の状態になりました。母は私に電話をかけてきては父のことをアレコレ話します。私は母が大好きでしたので、母の言うことにいちいちうなずいておりました。それに、私自身も主人の実家とうまくいっておらず、母に愚痴《ぐち》をこぼしていたのです。二人で一緒になって父を裁《さば》き非難して、父の心を変えないとだめだと言い合っておりました。

信心深かった母は、「両親が仲良く一つの心にならないと、子どもの幸せはない」とわかってはいたのですが、「父の心を変えよう」とだけ思って、父を責めるばかり……調和しようと話をすればするほど、ますます空回りするのでした。

三十歳のある日、私は突然眠れなくなりました。病院でもらう睡眠薬も全然効《き》きません。苦しくて発狂しそうでした。次女のさゆりの幼稚園の入園式に出席することもできませんでした。

それでも、小さい頃から自然に身についていた仏壇参りは続け、懺悔《ざんげ》の気持で一所懸命先祖供養をしました。不思議と、仏様と心が通じたと感じた時は、朝までぐっすり眠れるのです。

そんな中で、当時、長女と次女の二人の子どもがいた私でしたが、「まだ若いんだから、もう一人ほしい」と願うようになりました。仏様が絶対に守って下さることを信じているうち、妊娠。月満ちて、男の子を出産しました。三十二歳の時でした。この出産を機に、身体が楽になり、だんだん眠れる時間が多くなっていきました。

親兄弟から切り離されて

昭和から平成になる直前、ついに父と母は別居し、母はそれまで住んでいた兄夫婦の家を出て、弟夫婦の家で暮らすようになりました。両親をめぐり、私たち兄弟は激しくけんか、父と暮らす兄とは断絶状態となりました。その後、私も主人も母を度々《たびたび》訪れて話を聞くうち、兄たちとうまくいかず家を出た母の考え方が、だんだん見えてきました。それまでは、母と同調して一方的な見方をしてきた私でしたが……。母は、いかなる場合も自分が完璧で正しい生き方をしてきたと思い込んでいるのです。しかし、客観的に眺《なが》められるようになってきた私には、そうとばかり思えなくなったのでした。

明るい井上さん一家。手前左からご主人・弘さん、洋子さん、長女・弘美さん、奥左から次女・さゆりさん、長男・富男さん

平成二年の秋には、みんなで仲良くしたいと、状態の改善を図るためいろいろ動きましたが、却《かえ》って悪くなり、私は、母からも他の兄弟たちからも相手にされなくなりました。私たち家族だけがポツンと取り残された感じになったのです。

ちょうどその頃、子どもたちがお世話になっている珠算塾の先生の丸茂《まるも》洋子さんが、「あなたのお母さんと人生について語り合いたい」と、娘のさゆりに言っておられると聞きました。丸茂さんは生長の家の熱心な信徒でした。私は、「生長の家は新興宗教」という偏見《へんけん》をもっていましたので、全然興味が湧《わ》かず、丸茂さんからいただいた『女性の幸福365章』（谷口雅春著、日本教文社刊）を読んではみましたが、「これはただの宗教じゃない」と感じたものの、生長の家の話を聞こうとまでは思いませんでした。

そのうち、私の身体の具合が悪くなり始めました。まず、膀胱《ぼうこう》を患《わずら》い、これは一ヵ月ほどで治りましたが、今度は胸に重い塊《かたまり》が入っているようで苦しくなったのです。すっかり縁《えん》が切れた状態になっている、母や兄弟のことを思うと、涙があふれて止まらず、夜も眠れない、つらい日々が続きました。

私は昔から浄土真宗にすがり、親鸞《しんらん》聖人の教えが書かれた『歎異抄《たんにしょう》』ばかり読んで、生きる支えにしてきました。一日中読んだこともありました。自分が「罪悪深重《ざいあくじんじゅう》の愚《おろ》か者」とわからなければ、阿弥陀如来《あみだにょらい》は人間を救って下さらないという教えです。〝私は愚か者、小さな良いことすらできない凡夫《ぼんぷ》だ〟と思い込んでいたので、良いことをしている人がいても、偽善のように映《うつ》り、〝自分が愚か者だからみんなも愚か者。自分は愚か者と分かっているから救われる。自分は最高に素晴らしい〟と思っていました。

なぜ、素晴らしいかというと、愚か者と分かっているからなのです。そして、愚か者を救って下さる阿弥陀如来様を頼り祈っていたのです。けれども、私の身体の具合は一向に良くなっていきませんでした。

神の世界を知る

平成三年の春になって、相談する人もいなかった私は、丸茂さんに相談しようと思い始めました。主人は、丸茂さんが生長の家だったからでしょう、始めは相談するのを「ダメだ」と言っておりました。何とか許可をもらい、丸茂さんに電話をしました。四月二十日のことです。丸茂さんは喜んで、

「さゆりちゃんに『甘露《かんろ》の法雨《ほうう》』のお守りを渡してあるから、身につけて下さい。明日うかがいます」

と言って下さいました。私は知らなかったのですが、さゆりがその前の年の冬休みに、アメリカへホームステイに行く時、お守りとして、渡して下さっていたのです。柱にもたれかかって『甘露の法雨』を読んだ時は、胸につかえている塊《かたまり》が柔らかくなって、気持良くなっていったのを今でも覚えています。

翌日、わが家へ来られた丸茂さんから、『生命《せいめい》の實相《じっそう》』第七巻を借り、読み始めました。人間は神の子で、実相（本当の相《すがた》）は完全円満、すべての人は、いのちの兄弟姉妹であること。また、この世は神の御心《みこころ》が展開している世界である、とあり、驚きました。神の国は死んでから行く処《ところ》と思っていましたので、ここ、このままが極楽浄土、何もかもが神仏の現《あらわ》れ、自分の力で生きているのではなく、神仏によって生かされていると知って、嬉《うれ》しくなりました。

初めて〝心の法則〟も知りました。〝現象は心の影〟であって、愛は愛を呼び出し、憎しみは憎しみを呼び出すといいます。私が今まで、悪を摑《つか》んでそれを良くしようとがんばってきたことが、みんな逆だったと分かった時はショックでした。必ず良くなると信じ、神に任《まか》せなくてはいけないと、徐々《じょじょ》に思えるようになりました。丸茂さんと一緒にあちこちの誌友会に参加するうち、少しずつ健康を取り戻していきました。

私の心の持ち方が変わってくると、不思議なことに、買物に行っても、みんなが温《あたた》かく私に微笑《ほほえ》みかけ祝福してくれているように感じるのです。今までは、誰を見てもそんなふうに思ったことはなかったのに……。

生長の家にふれた年の秋に新しい家に引っ越してきました。家の前が通学路になっていて、そこを通る子どもたちの幸せを、内職の木彫《ぼ》りの仕事をしながら、祈らせていただくようになりました。

「この品物を買って下さる方が、神様の無限の智慧と愛に護《まも》られて幸せであるように」心を込めて彫る自分になれたことも、たまらなく嬉しいことの一つです。

家族で学ぶ

昨年暮れの十二月二十五日、主人が突然会社を辞《や》めてしまいました。真面目《まじめ》に働いているのに、なかなか認めてもらえなかったからでした。主人と二人で、東京の調布市飛田給にある生長の家本部練成道場＊で開かれた新春練成会に参加しました。

私は、〝家を建てたばかりで借金もあるのに、この先どうなるのかしら〟と不安で、場所が変わったこともあって、また眠れなくなってしまいました。ところが、主人は、真理のお話を聞くうち、「ありがたい、うれしい、喜びが湧《わ》いてきてたまらん」と言って、すっかり心が明るく変わってしまったのです。そして、練成会から帰って二月には、新しく今の職場に就職が決まりました。建築関係の仕事ですが、「やりたい仕事に、やっとめぐりあえた」と、喜んでおります。

主人は本当に心が優《やさ》しく、いつも私を守ってくれます。毎晩眠れず苦しくて泣いている時も、起きてきて頭や首を揉《も》んでくれ、一緒に仏様にお参りしてくれました。私が苦しんでいる時に、主人が一言でも「いいかげんにしてくれ」と言っていたら、立ち上がれなかったかもしれません。そう思うと、この恩は返しても返しきれないほどです。

長女の弘美は今年二十二歳、次女のさゆりは二十歳でそれぞれ社会人。長男の富男は中学二年生です。私が生長の家にふれて、子どもたちが一番喜んでくれているのではないかと思います。それまでは、厳しい親で、悪いところをみてはそれを直そうとしていました。

ところが、「人間は神の子で、無限の力をもっている」と教えられてからは、子どもたちに対して、「あなたたちは神の子ですばらしいのだから、がんばれば、がんばっただけのものが出るのよ」と言えるようになり、縛《しば》らなくなりました。

長男は、家の中が暗かった時に、紙に「感謝」などと書いて、主人がお風呂に入っている間にその着替えのパジャマの上に置いたり、あちこちに貼《は》ったりして、励《はげ》ましてくれました。いつも親を信頼してくれ、勉強の方もがんばってくれています。毎朝仏壇の前で、「わが魂の底の底なる神よ、無限の力湧き出《いで》よ」と、朗《ほが》らかに大きな声で祈って、『理想世界ジュニア版』*の中の「毎日の祈り」を読んでから学校に行くのを、日課にしています。

主人の両親ともいざこざがあり、いつも両親に感謝しなければと思っていましたが、今年の五月の母の日に、「心配かけて申し訳なかった」と懺悔《ざんげ》し、和解することができました。主人の父が、「みんなでお仏壇にお参りしよう」と言って下さり、一緒にご先祖様にお参りし、和解を報告させていただきました。

親兄弟から切り離されて、一人だと思っていた私ですが、主人や子どもたちがずっと守っていてくれ、神様、仏様の中に生かされて、ただそのままで救われていたのだと知った時、孤独感は消え、豊かな世界に目覚《めざ》めて生まれ変われたようです。

まだ、実家の母や兄弟とも現象的には調和できたわけではありません。でも、神の子の実相は完全円満、〝これから良くなるしかない〟と信じ観《かん》じて、心で母たちと調和している姿を描きながら、生長の家の教えを実践する毎日です。


（平成五年九月号　撮影／原　繁）

＊生長の家本部練成道場＝巻末の「生長の家練成会案内」を参照。
＊『理想世界ジュニア版』＝生長の家の中・高生向けの月刊誌。日本教文社発行。

自分の奥に宿る本当の姿を知り、〝素直に楽に生きる〟喜びを知りました

島根県八雲村　黒川篤子《くろかわあつこ》（44歳）

本当の目的を知りたい

十七年前、私はある修養団体の普及活動をする三十代の女性から一冊の本を頂きました。何気なくその本を手にした私は、「子は親の鏡であり、親の生活を正すと、子はそれに見合っただけの結果を出す」というような内容に興味を覚えました。ちょうど長男が生まれて六ヵ月の頃でしたので、この団体の説く教えは、育児に役立つのではないかと思ったのです。誘われるまま、松江市内のある公民館で開かれている集いに参加するようになりました。

主人は私が出ていくことをあまり喜んではいませんでした。けれど、「子育てのことで後悔したくない」という思いで私は毎日、八雲村の自宅から車で二十分ほどかけて会

場まで通いました。

その団体では、子育てだけでなく、親として、妻として、子として、嫁としてなど、いろいろな立場や場面場面での心の持ち方など、生活する上での筋道を学びました。そしてその筋道を身につけるために会の中でもいろいろな実践がありました。「形から入って心を整えるのです」「実践が命です」と言われるまま、それを行うもっと根本的な目的をつかみきれないまま実践を続けていました。

毎日、会でも目標がありますし、お役もあると出ないわけにもいかず、「どうしてそこまで……」「なぜ」との思いが出たりもして、心から喜んでする所までは到りません。「お役があるでしょ」「子供の前を歩く親なら頑張らないと」と自分に言い聞かせ、形だけで動いていた事もありました。

心の入りきらない甘い実践をしていたので年月を重ねた割には、その会の中にあっても、家庭の中にあっても変わっていけない部分がありました。教えを人様に伝える時には、教えと教えについていけない自分との差がよけい意識され、自己嫌悪を感じることもありました。それでも、その学びによって心の持ち方もずいぶん変えさせてもらい、

自分の奥に宿る本当の姿を知り、“素直に楽に生きる”喜びを知りました

心が解放されて、すっかり明るくなった黒川篤子さん

正しく導いて頂けたことに感謝しています。

しかし常に疑問を持ちながら、心と行動がすっきりと一致しない毎日は苦しくもありましたし、このままいっても心から変わっていけるだろうかと思うことも度々でした。

「心から納得して実践したい、そうすればもっと打ち込めるのに……。学びを実践する本当の目的が知りたい」

そんな気持が日毎に大きくなっていったのです。

笑顔のすてきな人たち

六年ほど前のことです。普及活動のために近隣の町に出かけて家庭訪問をして歩いていると、生長の家を信仰している六十代くらいの婦人と出会いました。その人はニコニコとして、私の活動の話を真剣に聞いて下さいました。またある時も別の場所で生長の家の信徒さんに出会ったのですが、前と同じようにニコニコして、丁寧《ていねい》に応対して下さいました。

生長の家の信徒さんと出会うことが何度か重なり、どの人もみな和《なご》やかな感じで、人を包み込むような柔らかな笑顔をしていらっしゃいました。

「この人達は他の人とどこか違う、教えが自然に身に付いていらっしゃる。きっと何かを掴《つか》んでおられるに違いない」

そんな予感がしたのです。

次第に生長の家の教えに素晴らしいものがあるのではないだろうかと思うようになりました。そこに私が求めている「答え」があるかも知れないと思ったのです。どんな教えなのかと興味が湧《わ》きました。

「来る人も、また来る人も、福の神」と書かれた張り紙を玄関に貼《は》っている生長の家の信徒さんが多かったので、その紙を見つけると、どんな方が出てこられるのだろうかと楽しみでした。

「生長の家はどんな教えですか？」

「生長の家では何か本があるんですか？」

「よかったら見せてもらえませんか？」

私はたびたび『白鳩』誌を頂きました。修養団体の普及活動に励《はげ》みながらも、いつしか生長の家に心が傾いて行きました。

「答え」が出た

私は『白鳩』誌の広告で見た『神と偕《とも》に生きる真理365章』（谷口雅春著、日本教文社刊）などの本を手当たり次第買い求め、夢中で読みました。生長の家の本を読みたいと強く思っていると、不思議と古本屋に読みたい本が置いてあることも度々でしたし、次々と本が集まってきたこともありました。「心で強く求めたものは、自然と引き付けられてくる」そんな内容のことも以前にも習っていましたが、生長の家の本に触れて初めて体感することができ、これこそ本物の教えと思うようになりました。そんなことがあって自分は何か大きな力で導かれているのではないだろうかと感じるようになりました。

読み進んではまた戻りながらじっくりと一冊の本を読んで行きました。そこには私の求めていた、日々実践していた本当の目的、何のために生きるのかの「答え」が書いてあったのです。それは「人間は神の子で、実相は完全円満な存在である。人がこの世に生まれてきた目的は、神の創《つく》られた世界の実現のためである」という言葉だったのです。

今まで実践できない自分の欠点ばかりに目が行っていたけれど、それは間違いでした。私の本当の姿は素晴らしい神の子で、完全円満で何でも出来る力があったのです。

修養団体で良いことを教わりながらも、「こうしなければならない」と自分も相手もがんじがらめに縛《しば》っていたことも、「神さまがちょうど良いようにして下さっているから、『こうしなければ』という我《が》の心を出さずに、人・物・事に宿る神を信じてお任《まか》せしよう。私はその中で精一杯やって生きていけばいいんだ」と思えたら、それまでの肩の荷がいっぺんにおりたような気持になりました。

幼い頃、正しく導く躾《しつけ》として両親がよく「神様が見ておられるよ」と言って聞かせてくれておりました。ところが、人間の外だけでなく、内にも神のいのちが宿っているという教えは、信仰というものをとても身近に感じさせてくれました。その修養団体でやっていた実践も、私の中にある神さまの完全円満な世界を現す訓練の場でした。

家庭の中にあっても主人、子供の中には神が宿っていて、その神が主人、子供を通して言葉や行動となって出てくるということなのですね。自分だけでなく、周りがすべて神の御心《みこころ》のままの世界と思えたら、すべての事を拝める気持が少しずつ湧いてきて、「どうして」「なぜ」というひっかかる心がなくなって素直に行動できるようになってきました。

自分が変われば主人も変わる

日に日に生長の家に心が傾いていくのを知っている友人が、ある日、「松江に生長の家の道場があったよ」と知らせてくれました。私は生長の家をもっと知りたいと思い、教えてもらった松江道場を訪ねて行きました。そこで応対に出て下さった橋本道子講師が誌友会などたくさんの学びの場にお誘い下さり、参加するようになりました。

誌友会は雰囲気が明るくて、今度は何を教えて下さるのかしらと、わくわくしながら参加しています。

三年前には白鳩会に入会させて頂きました。主人はまた私が何かに没頭し始めたのだろうと思っていたようですが、「今度また生長の家の会があるのですが……」と言うと、すんなりと送り出してくれますし、時には一緒に講演会にも行ってくれるようになり、嬉《うれ》しく思っています。生長の家の行事で休日に家を空ける時には、子ども達に食事を作ってくれることもあります。

私が生長の家の勉強を始めるようになって、主人は「以前は何でも会のことが中心で、がむしゃらなところがあったけれど、近頃は受けとめ方にゆとりが出て表情が良くなった」と言ってくれました。きっと神様に全托《ぜんたく》の学びが私の心にストンと入ったからだと思います。自分でもよく笑うようになったと思います。

私をよく指導して下さる長野充子講師は、「いつの頃からか、笑顔がニコニコと、よく笑う人になりましたね」とおっしゃって下さるようになりました。

一つの事をやりだすと納得するまでトコトンやってしまう私の性格を見ぬいた長野講師は、「神に全托《ぜんたく》して生きる」ということの実践法を教えて下さいました。長野講師は「ここに祈りの言葉を書いたら、その通りになりますよ」と言って私に『奇蹟の手帳』(谷口雅春監修、日本教文社刊)を下さったのです。

この手帳は、祈りの言葉を書き留めて常時携帯し、功徳《くどく》を実現するための信仰を築き上げることを目的とした手帳です。

私には高校生を筆頭に、三人の子供がいますので、将来の学資の事を考えてパートに出たいと以前から職を探していた矢先でした。なかなか適当な仕事が見つからないので、私は『奇蹟の手帳』に「使命を感じられる仕事を与えて下さい」と書き、すでに仕事を与えられた姿を心に描いて全托していました。

二週間後に近所の人から紹介されたのが、健康食品やスキンケア商品を紹介する仕事でした。人の健康のためになり、休みが取れて時間に融通《ゆうずう》がきく希望通りの仕事でしたので、私はその仕事をさせて頂くことにしました。神に全托するということは何と気分的に楽《らく》なのだろうと思いました。そして全托すれば、その時に丁度《ちょうど》私にふさわしいものを与えて下さるのだと思えるようになりました。

今では母親教室のリーダーと地元白鳩会の支部長をさせて頂くようになりました。会のお役は始めたばかりで戸惑う事も多いのですが、仕事と生長の家の教えで少しでも人様のお役に立てるようお伝え出来ればと思っています。「神さまが、今日もより良く家族を導いて下さるんだ」という感謝の気持で、楽しく毎日を過ごさせて頂いています。

（平成十一年六月号　撮影／原　繁）

離人症を克服して花開いた幸福な家庭生活

福岡県北野町　井上美智子《いのうえみちこ》（52歳）

父は十人兄弟、母は三人兄弟ですが、結婚したころの両親は、兄弟の中では一番貧しかったそうです。他の兄弟は、会社の経営者や医者でしたが、父は普通のサラリーマン。父母は貧しくても長女の私だけは従兄弟《いとこ》たちと同じように立派に育てたいと、過剰なまでに期待をかけていました。

小学校も、従兄弟たちが行っていた福岡教育大学附属小学校を受験しましたが、両親の意に反して不合格です。不合格でも私は平気でしたが、両親は落胆しました。母はしばらく寝込んでしまいましたが、それが幼い私には大きなショックで受験恐怖症になってしまい、後々まで尾を引いてしまいました。

それでも両親に喜んでもらいたいと思った私は、小学校と中学校ではひたすら勉強して成績は常にトップクラスでした。両親の期待もふくらみ、当時では珍しい勉強塾に私を通わせ、絵画や書道も習いました。

塾や習い事にはお金がかかります。二人の妹がいるので家計は苦しく、母はコツコツと内職をしていました。その母の背中を見ていると「こんなにしてやっているのに、美智子は応《こた》えてくれない」と言っているようで、耐えられない気持になりました。

高校も志望校は、受験恐怖症のため当日に発熱して答案が書けずに不合格です。両親の期待に応えられなかったことを悔い、心は萎縮《いしゅく》するばかりでした。

ところが、高校一年の秋になってからのことです。美術部で大好きな油絵の制作に打ち込むかたわら、文学にも目覚《めざ》めて世界文学全集を読みふけりました。そして、マーガレット・ミッチェル著『風と共に去りぬ』に出合ったのです。夢中で読み終えた私は「これだ！」と思いました。

「私もスカーレットのように自分の思った通りに生きたい。自分の人生なんだ！」

一気に自我に目覚めた私は、思ったことは何でも言う活発な生徒に生まれ変わりました。先生に対しても遠慮なく口を利き、職員室まで行って「先生は贔屓《ひいき》しているんじゃ

「振り返ってみると、たくさんの皆様に愛され導かれてきました」と井上美智子さん

ないですか」と問いつめたりしました。職員室では私が行くと「来た来た、また来た」と煙たがられていましたが、自分が正しいと思っていた私は堂々としていました。

美術部の活動では、ユネスコ展や二科展に入賞して評判となり、両親も先生からも美術大学に進学して才能を伸ばすように言われましたが、私はキッパリ断りました。あの受験恐怖症があったからです。

高校卒業後は、福岡市内のデパートに就職しましたが、ここで私の運命をきめる出来事がありました。

母に勧《すす》められて生け花を習いましたが、ある日、東京から家元の高弟が指導に来られ、私の活《い》けた花を見て「あなたには才能がある」と認めて下さり、家元の内弟子になって本格的に生け花を習うことを勧めてくれました。

自立を目指していた私は、渡りに船と快諾しました。そして、十九歳になったばかりの私は上京。家元の五人ほどいた内弟子の一人に加えられました。

臭いも味も分からない

しかし、内弟子の毎日は過酷です。お休みは二ヵ月に一日だけで、あとは掃除、洗濯、炊事などに忙殺されます。家元は夜中にホテルやデパートで活け込みをされますが、内弟子はお帰りになるまで待たなければなりません。脱落する人もいましたが、私は精一杯《せいいっぱい》頑張って信頼され、家元のお給料の大半を預かって家計を任されました。そして、家元から秘書になるよう指示されて準備をしていましたが、そこで力尽きました。

内弟子になって二年ほど経《た》ったある朝のことです。いつものように、秘書からその日の先生のスケジュールを聞いていると、耳が遠くなったようにボーとして聞き取れなくなったのです。これが何日か続き、仕事に支障があっては困ると思った私は、無理を言って実家に帰らせてもらいました。

回復したら戻ろうと思っていましたが、症状は悪化の一途で、断念。耳だけではなく、目もかすみ、臭いも味も分からなくなってしまいました。そして、精神的にはガラスケースの中にいるような外部と隔《へだ》てられた気分になり、心療内科の医師から「神経離人症」と診断されました。

この病気は、神経を酷使する苦しい状況に置かれると感覚器官が機能を失うという特殊な病気です。治療方法は、専門医による催眠療法でしたが、「完治は難しい。結婚は不可能です」と言われました。その理由は、結婚生活に苦労は付きもので、どうしても結婚したいのなら「年長のお金持ちの男性で、お手伝いさんを雇い、あなたは何もしなくてよいというのであれば」と言われるのです。

ところが、そんな矢先に一歳年下の男性からプロポーズされてしまいました。病気といっても通常は問題なく生活できた私は、近所のゴルフ練習場にアルバイトに行っていましたが、そこで知り合った男性からです。真面目で頼もしく、私も心から結婚したいと思いましたが、医者に相談するとやはり「そんな若い男では無理だ」と言われます。

彼に、医者から言われたことをいくら伝えても、「いいよ、いいよ、君を一生負ぶって墓場まで行くから」と言うのです。

彼の気持が本当にうれしい反面、分かってくれないもどかしさに眠れない夜が続きました。そんなある日、眠れないので本でも読もうと書棚を開けると『白鳩』という月刊誌がありました。後で母に聞くと知人からいただいたものでした。興味をおぼえた私は、手にとって開いてみました。巻頭言に「谷口雅春」（生長の家創始者）という方が次のように書かれていました。

「人間は神の子で、本来罪なく病なく、そして死もないのである」

このご文章を目にした途端《とたん》、私は涙が溢《あふ》れて声をあげて泣いてしまいました。

意味が分かったという以上に、ショックを受けたというか、とにかく強烈な感動をおぼえました。私は赤鉛筆を持ち出して傍線を引きつつ、涙にむせびながら本文を何度も読みました。気が付くと朝を迎えていて、七時になると我慢できずに、『白鳩』に書かれていた太宰府市にある生長の家ゆには練成道場*に電話しました。

住所と道順を聞き、飛ぶようにして訪ねた私を迎えて下さったのは、当時、この道場で指導されていた岡田淳本部講師でした。夢中で辛《つら》い心の裡《うち》を打ち明ける私に、講師は優《やさ》しい笑顔で「練成会に参加しなさい」と導いて下さいました。

「こんな世界があったのか」

こうして、生長の家ゆには練成道場の三泊四日の短期練成会に初めて参加しますが、その前日に、私は生まれて初めて次のように神様に祈りました。

「本当に神様がいられるのなら私の願いを聞いて下さい。彼を幸せにできるなら結婚させて下さい。不幸にするなら諦《あきら》めさせて下さい。この練成会でそのお答えを下さい」

こうして始まった練成会は天国にいるような感動の連続でした。

岡田講師をはじめとする諸講師のすばらしいご講話、神様との一体感を深める神想観《しんそうかん》、浄心行《じょうしんぎょう》。そして、『甘露《かんろ》の法雨《ほうう》』読誦《どくじゅ》と先祖供養の大切さを、直接ご指導いただくなかで学ばせていただきました。ほかの参加者の皆さまも明るく深切《しんせつ》です。

四日間の練成会を終えて帰路につくと、フワフワと雲の上を歩いているような感じで、「こんな世界があったのか」と天にも昇る気分でした。

神様のお答えはまだ分かりませんでしたが、翌月もこの練成会に参加しようと心に決めました。

そして、生きる勇気が湧《わ》いてきた私は就職を決意し、新聞の求人欄を見て石油関係の会社に就職しました。すると、この会社の社長さんが何と生長の家信徒で、幹部の方はみんな練成会を受けていたのです。この事実を偶然知った私は、上司に、私も生長の家だと打ち明けました。とても喜ばれる上司に、私の入信の経緯をお話しすると、「そういうことならいつでも練成会に行きなさい」と言って下さいました。こうして、翌月から会社のお墨付きで練成会に参加できるようになりました。

私はそれから十ヵ月連続して参加させていただきましたが、大きな変化が訪れたのは、三回目の練成会を終えた翌日のことでした。

感動の余韻《よいん》に浸りながら出勤し、昼食のコロッケを食べていると、とつぜんあの美味しい味と香りを感じたのです。さらに、それまでは耳も不調で事務所で電話が鳴ってもどの場所の電話か分からずに迷惑をかけていましたが、それも完全に治っていました。

私は、ハッと思いました。

「これが神様のお答えなんだ。結婚しなさい、とおっしゃっている。私たちの仲人は生長の家の神様だから絶対に幸福になる。このみ教えですばらしい家庭を築こう」

私は仕事が終わると、彼のもとに飛んでいきました。

結婚したのは、初めての練成会参加から一年後の昭和四十九年一月。結婚後、四人の子どもを授かり、多忙で神経をすり減らす毎日ですが、離人症の影も形もありません。

主人からの感謝の言葉

子育て中の私は、『生命《せいめい》の實相《じっそう》』全四十巻をあらゆる機会を利用して読みました。洗濯機を回しているときは立ったままで。主人が「子どもを公園に連れて行ってやれよ」と言うと「ハイ」と返事をして連れて行き、一人で遊ばせながら私はベンチで、という具合に。姑《しゅうとめ》が訪ねてきて「産後は目に悪いから本を読まないように」と言われると、それが昔の誤った医学知識だと思っても「ハイ」と返事をし、姑に見られないようにトイレの中で読みました。

今も読み続けて、すでに十回ほど全巻読破していますが、読めば読むほど深い内容に心打たれて続けずにはおれません。

四人の子どもたちには、幼いころからこんなふうに言って育てました。

「善《よ》いことをする勇気を持った人になってほしいの、お母さんは。例えばね、白い杖をもった目の見えない人が信号を待ってたら、こっちですよ、と手を引いてあげられる人になってほしいのよ」

瞳を輝かせて聞いてくれた子どもたちは、それぞれ自分の描いた夢に向かって羽ばたいています。私は応援に徹していますが、最初に失敗もありました。

長男は幼稚園のころ、「僕は大きくなったらお巡りさんになるよ。悪い人をつかまえて良い日本にするよ」と言うので、「あらそう、がんばってね」と答えていました。

小学四年のときには、「僕は弱い人の力になりたいから弁護士になるよ」と立派なことを言いましたが、私は「弁護士は無理よ。別のにしなさい」とつい言ってしまいました。生長の家の先輩にこの話をすると、「あなたは生長の家を何年やっているの。神の子に不可能はないのよ」と大目玉を食い、子どもの夢は何でも認めようと反省しました。

五年生になると、アフリカ難民のテレビ番組を見て「僕は医者になって、アフリカに行って病気の人を助けたい」と言います。私は一瞬心の中で「今度は医者か」と思いましたが、すぐに「すばらしいね、お母さん応援してるからね」と予定通り答えました。

現在、長男は山口大学医学部に在学中で来春卒業します。うれしいことに「卒業したら本部練成道場（飛田給）の練成会を受ける」と言っています。

長女は、短大を卒業して主人と同じように流通関係の会社に就職しました。次女は浪人中ですが、「カウンセラーになって悩みのある子どもの相談にのりたい」と九州大学教育学部を志望しています。次男は高校生ですが、三者面談のときに見た書類には「国立大学でエネルギー工学を学んで社会に貢献したい」と書いてありました。

私の目標は、生長の家の仲間をたくさん増やすことです。九年前、主人の転勤で宮崎県都城市に五年ほど暮らしましたが、このときに生長の家白鳩会の母親教室対策部長を拝命しました。何も分からない私でしたが、当時の木牟禮《きむれ》民男副教化部長（故人）のご指導を受け、成果を上げることができました。

福岡に戻り、昨年九月には同じ母親教室対策部長を頼まれました。私は意欲満々でしたが、問題は、主人の了解を得ることでした。

実は、以前の主人は宗教嫌いで、宮崎にいたときやっと講習会に参加してくれるようになりましたが……。恐る恐る聞いてみると次のように言ってくれたのです。

「忙しいなかを親のこと、家の中のことを本当によくやってくれていると、君にはいつも心の中で感謝しているんだよ。君がしたいのなら、それはさせていただきなさい」

これほどうれしく思った言葉はありませんでした。この日の夜はうれしさのあまり眠れません。そんな私の脳裏《のうり》に思い浮かんだのは、私を導いて下さったすばらしい方々のこと。皆さまとの出会いで蒔《ま》かせていただいた感謝の種は、私の周囲に見事に花開いています。

そして、ふり返ってみると、両親への感謝の思いが湧いてきます。私に対する期待は、そのまま私への大きな愛でした。私がこんなに幸せになったのは、両親のお蔭《かげ》です。

(平成十一年十月号　撮影／田中誠一)

＊生長の家ゆには練成道場＝巻末の「生長の家練成会案内」を参照。

教えひとすじに山あり谷ありを乗り越えて

京都府木津町　渡辺悦子《わたなべえつこ》（48歳）

昭和四十三年、高校を卒業して司法書士事務所に就職した私は、熱心な生長の家信徒だった事務所のご主人に生長の家青年会全国大会への参加を勧《すす》められました。母が『白鳩』誌を愛読していたので生長の家を知っていた私は、喜んで参加させていただき、やがて地元の青年会で活動を始めました。

主人と巡り合ったのも、青年会の活動がきっかけでした。家庭訪問で生長の家の信徒のお宅を訪ね歩いているときに、訪問先の家で出会いました。そして、昭和四十六年、出会いから半年ほどで結婚の運びとなりました。

私は結婚前に「練成会に参加したい」と思っていましたが、熱心な生長の家信徒だった主人の母に相談すると、一も二もなく賛成してくれましたので、生長の家両丹道場*の一ヵ月間の長期練成会に参加しました。

このときに、当時の京都第二教区教化部長で今は亡き長村婦美子《おさむらふみこ》本部講師のご指導を受けさせていただきました。「人間・神の子」の真理のお話はもちろんのこと、行き届いた掃除の仕方や深切《しんせつ》な言葉遣《づか》い、善《よ》い行いをして徳を積むことの大切さなどを教えていただきました。手を握って諭《さと》されたこともありましたが、その手の温もりは今も鮮明に覚えています。

最も印象に残っているのは、長村講師が練成会の参加者を見送っている姿です。自動車で道場を後にする参加者を、いつまでも合掌して見つめておられるのです。

全てを伝道に捧げられた愛情溢《あふ》れる長村講師の姿に、私は胸を打たれ、「この生長の家の教えを一生実践していこう」と心に決めました。

厳しい言葉と貧血の悪化

主人は警察官で、真面目で優《やさ》しい性格の人でした。結婚の翌年に長女、二年後には長男を授かり、申し分のない結婚生活のようですが、現実は厳しいものでした。

長女が生まれた頃に主人が甲状腺を患《わずら》い、眩暈《めまい》や異常な発汗に悩まされるようになりました。そして、夜勤のある交通課の勤務ができなくなって受付の仕事に異動しました。

姑《しゅうとめ》は近所に住んでいた長男と同居していましたが、折につけ我が家を訪ねてきて、私に対して何事にも厳しく指示をしました。主人の病気についても、「妻であるあなたにも原因がある」と言われました。

姑は熱心な生長の家信徒ですから、私に対して、「夫婦は本来一体である」という生長の家の教えを強調したかったのでしょう。しかし、当時の未熟な私には理解できません。言葉を返すこともできずに、心の中で反発して耐えるばかりでした。

また、姑からは生長の家の行事には必ず参加するように言われていました。これも、私たちの幸福を思ってのことですが、私には厳しい義務に感じました。

ある日、講演会と長女の幼稚園の参観日が重なったことがあり、仕方なく講演会を優先しました。すると、長女は「どうして来なかったの」と泣きながら帰ってきました。

私は、その不憫《ふびん》な姿を見て、姑に対して「今後は子どものことを優先します」と宣言しましたが、これが姑を拒絶するような言葉となってしまい、溝《みぞ》は一層深まりました。

長年苦しんだ貧血もすっかり回復し、喜びの毎日を過ごす渡辺悦子さん

そんな中にあっても、私にとって生長の家の信仰は大切なものでした。辛《つら》く苦しいときには、長村講師のお諭《さと》しとあの合掌する姿がいつも脳裏《のうり》に浮かび、勇気が湧《わ》いてきます。そして、「善い行いをして徳を積みなさい」とのご指導に従い、白鳩会の活動に参加して『白鳩』誌を多部数購読して、知人に送っていました。両丹道場で半年ほど、事務員として奉仕させていただいたこともあります。

主人も、病気が一進一退の中で生長の家の信仰にふり向き、両丹道場で行われる神想《しんそう》観《かん》に通うようになりました。

しかし、我が家の問題の改善は遅々とした歩みでした。主人の病気が治るまでには、九年もかかりました。その間に、私は三人目の子どもを四ヵ月で自然流産し、それが原因で持病の貧血が悪化しました。

貧血の症状は、私の場合は食道が細くなって食べ物を飲み下すのが難しくなるというものです。最初の頃は、食事の時間が少し長くかかるだけでしたが、やがて、食べ物が喉《のど》に詰まるようになり、一度吐《は》き出さないと食べ物が入らなくなるのです。食事の時間は、四十分もかかりました。また、生理の出血が止まらなくなる症状も出て、入院したこともあります。

団体参拝練成会に参加して

善い方向に向かい始めた契機は、主人の転勤で昭和六十年に京都市に転居したことでした。

見ず知らずの土地に来て白鳩会活動をする気にもならずにいた私でしたが、ある日、ポストに一冊の『白鳩』誌が入っていたのです。手にした途端《とたん》に嬉《うれ》しくなり、そこに記されていた白鳩会員のお宅に電話をして、即座に京都第一教区の白鳩会のメンバーとなることができました。

そして、平成五年には幹部の方から長崎県にある生長の家総本山*の団体参拝練成会(教区単位で参拝し、受ける練成会)に誘われました。食事のことが心配で躊躇《ちゅうちょ》しましたが、新しく京都の白鳩会に加わった新鮮な喜びから思わず参加することにしました。

総本山では、案《あん》の定《じょう》、苦労しました。「早く食べなければ」と思うと焦《あせ》り、「ここで詰まったら」と思うと恐怖心が起こります。結局、少ししか食べられない私を見て、一緒に参加した白鳩会の友人がおにぎりを作ってくれました。

空腹を抱えた私は、その友人の助言で部屋の押し入れに入り、ゆっくりと食べました。私は、自分のふがいなさと、友人のやさしさに涙が溢れてきました。辛い思いもしましたが、団参練成会で勇気が湧いてきました。自己限定を捨て、前進しようという気持になりました。

翌年には、また出血が止まらなくなって入院しましたが、その年の団参練成会にも参加しました。そして、生長の家京都教化部内にある白鳩会連合会事務局に事務員として奉仕させていただくようになりました。

奉仕させていただいた理由は、長村講師の「徳を積みなさい」という指導の実践であり、お役に立ちながら自分の勉強にもなるのが嬉しいからです。主人も、「パートに出るよりも奉仕の方がよい」と言ってくれました。

奉仕をするのは、一週間に三日から四日間で、時間は午前十時から午後四時まで。こうして奉仕活動に打ち込むうちに、あれほど酷《ひど》かった症状は薄れて、食事も楽にできるようになっていました。

我が家が欲しい！　神様に祈る

そして、私も母親教室を開きたいと心から思うようになりました。ところが、その頃に住んでいた官舎は、三畳、四畳半、六畳の三部屋で狭くて開けません。しかも、宗教の会合は禁止されていました。

私は、我が家が欲しいと切実に思い、神様に祈りました。生長の家のある本に、「家が欲しい人は、今与えられている家に感謝しなさい」と書かれていたことを思い出し、木造の傷んだ官舎を、「ありがとうございます」と言いながら雑巾で綺麗《きれい》に磨き上げました。

しかし、主人に相談すると「家は定年になってからだ」との返事です。主人の言うことは絶対なので、あきらめましたが、やがて主人は「家を買う」と言い出したのです。私は心の中で「ヤッター」と叫びました。

主人の気持が変わったのは、こんな理由からです。官舎にはムカデが出ますが、毎年夏になると私だけが齧《かじ》られて痛い思いをしていました。ところが、この年にかぎって主人が二回も齧られ、胸に湿疹が出て夜中に救急病院に自分の車で駈《か》けつけました。主人にとっては不運なことでしたが、私にとっては幸運だったように思えます。

こうして購入することになりましたが、先立つものがありません。子どもたちの教育費に出費して貯金は皆無《かいむ》です。それでも、主人は「お前が神様に役立つために家を建てるのだから、必ず何とかなる」と言ってくれましたので、家探しを始めました。

私は、白鳩会の奉仕を続けるために、教化部に近いところを探しましたが見つかりません。やがて、主人は木津町のマンションの情報をもってきました。

教化部から遠く離れた立地で気乗りしませんでしたが、二人で見に行くと、素晴らしいものだったのです。

このマンションは、京都府住宅公社が分譲したもので、研究機関が集中して設けられた学研都市の中にありました。緑豊かな公園の中のような街で、奈良市まで車で二十分ほどで行けます。風景写真の撮影が趣味の主人にとって、格好《かっこう》の場所です。私もすっかり気に入り、床面積が九十八平方メートルの一階の物件を購入することにしました。

ところが、正式に購入する段階になって頭金の用意ができません。親兄弟や親戚に頼みましたが、駄目《だめ》でした。仕方なく、公団に事情を話して購入を断《ことわ》りました。しかし、数日後に公団の担当者から電話が入り、「お宅は信用があるので、頭金は出せるだけの金額で結構です」と言うのです。これには、主人と二人で驚くとともに、感激しました。こうしたことは、私企業ならあることですが、公団ではあり得ないことだというのです。お蔭《かげ》で、親兄弟にも迷惑をかけずに資金ができました。

こうして、平成七年の四月に素晴らしいマンションを新居とさせていただき、念願の母親教室を開かせていただくことができました。

第一回目の母親教室は、派遣講師と私だけの参加でしたが、念願が叶《かな》って筆舌《ひつぜつ》に尽くせない喜びでした。参加者は必ず増えると信じて祈り続けると、一人二人と増えて、今では十人は参加してくれるまでになりました。

子どもたちも、心身ともに健康に成長してくれました。娘は、大学を卒業して交通安全協会に勤務し、生長の家青年会の女子対策部長として生き生きと活躍しています。

息子は、大学受験に失敗しましたが、練成会に参加して挫折を乗り越え、海上自衛隊に入隊して現在は航空管制官として活躍しています。

何かと摩擦のあった姑も、未熟な私を磨いてくれた観世音菩薩でした。生長の家の信仰を息子夫婦にしっかり伝えたいと、厳しい言葉で導いて下さっていたのでした。

そして、歳月を経ていよいよ私の中で大きな存在になっているのが長村講師です。合掌して見送る姿を拝見して受けた感動が、行き詰まったとき、私の心に蘇《よみがえ》り、新たな活力を与えてくれます。これからも、生長の家の教えを実践して、神様のお役に立ちたいと思っています。

大好きな母をお手本に世界に羽ばたきたい――長女・美枝さん(25歳)の話

母は、私が幼い頃から「世界に羽ばたく人になってね」とよく話してくれましたが、その影響もあってか、私の夢はスチュワーデスになることでした。大学も英文科を選んで夢を実現しようと思いましたが、残念なことに卒業した年のスチュワーデスの採用はゼロ。仕方なく父の勧めで交通安全協会に就職しました。この仕事もやり甲斐はありますが、私には新たな夢ができました。

それは、生長の家の教えを世界に伝えることです。大袈裟《おおげさ》なようですが、私の立場できることをすれば良いと思っています。今も英会話の学校に通っていますが、これもその日のための勉強。神様のみ心に叶うならば、何らかの形で実現すると信じています。

現在、私は京都第一教区の青年会女子対策部長を拝命していますが、指導する立場になって教えの素晴らしさを実感しました。我が家は生長の家一家ですが、これは非常に有難いことだと思えます。優しくて信仰的な母のお蔭ですね。大好きな母をお手本にして、世界に羽ばたきたいと思っています。

（平成十一年四月号　撮影／中橋博文）

＊生長の家両丹道場＝巻末の「生長の家教化部一覧」を参照。
＊生長の家総本山＝巻末の「生長の家練成会案内」を参照。

愛と感謝の心を教えられて充実した毎日になりました

高知県南国市　杉本利子《すぎもととしこ》（66歳）

介護に明け暮れる日々に

私は二十二歳の頃、高知市にあった洋影あみもの学校に通っておりましたとき、初めて生長の家の教えにふれました。週に一度、生徒全員で生長の家の講師の講話を聴く時間があったからです。

年配の男性の講師のお話などはとてもユーモラスで、みんなで笑いながら聴いたものです。親への感謝、ご先祖への感謝の大切さを教えていただきました。

昭和三十二年、二十六歳のとき主人との縁談がありました。主人には生長の家を熱心に信仰しているお姉さんがいると聞き、嬉《うれ》しくて、夢いっぱいで嫁いできました。

義姉《あね》は、地元白鳩会の草分け的存在で、生長の家の講師であり、高知県教化部の事務局にもしばらく奉仕していたことがありました。

木工の仕事をしていた主人は、その頃、学校の机や椅子を作って納めるなど、手広く商売を営んでおりました。

結婚当初、主人から、「親の世話をしっかり頼む」と言われました。主人は三男でしたが、長男、次男が亡くなっていましたので、両親と同居していたのです。

やがて、三十五年に長女、三十七年に長男と二人の子どもを授かり、順調な家庭生活が続きましたが、義父《ちち》はもともと視力が弱く、年とともに手助けが必要になってきました。

その義父は五十二年秋、八十七歳のとき、静脈瘤破裂で一週間入院し他界しました。五十六年、義母《はは》は散歩中に大腿骨《だいたいこつ》を骨折し、「入院するよりも大変なことだけれど、お家で面倒をみてあげなさい」と、医師に言われました。

おっとりとして物静かでやさしい義母でしたが、ボケ症状も現れてきて、寝たきりとなりました。入浴や下《しも》の世話など、四六時中、気を抜くことができず大変でした。

当時、娘は大学生で、春休みの帰省中のとき、私は娘に義母の世話を頼んで、地元の女子大で開講されていた在宅介護の講座を受けに通ったこともありました。外出などはほとんどできず、籠《かご》の鳥のような毎日でした。

義姉は同じ屋敷の離れに住んで、生長の家のことで飛び回っていましたが、一向に手伝ってくれません。

だんだん不平不満が積もってきて、ある日、思い切って主人に聞きました。

「お義姉さんは生長の家をずっとしているのに、少しも手伝ってくれない。どうして?」

すると、主人から、「生長の家をしていなかったら、もっともっと悪いよ」と言われ、返す言葉がありませんでした。

義姉は生長の家の月刊誌や聖典などを、「よいことが書いてあるから」と、しばしば手渡してくれました。私は一切開かず積読《つんどく》だけ、反発心を募らせるばかりでした。

自転車のペダルも軽く……

義姉に心の中で反発をしていましたが、義母に対してはできるだけのお世話をさせていただき、親子以上の親しみをもてる関係となりました。

愛と感謝の心を教えられて充実した毎日になりました

「義姉に『愛とは、相手の立場に立つこと』と教えていただきました」と杉本利子さん

義母は約三年間寝たきりで、昭和五十九年、八十八歳で亡くなりました。

義母の初盆がすむと、義姉は息子たちの住んでいる神奈川県へ行くことになりました。

「どうぞ、生長の家の灯を消さないで、あとを続けてね」と、義姉は私に言いました。

「どうぞ」と言われても、「ハイ」とも「イイエ」とも言えず、私はしぶしぶ義姉が手渡す書類を受け取りました。

〝いましばらくの間は、白鳩会支部のお役をしていよう。そのうちお義姉さんの高知に帰る足も遠のくし、それまでの辛抱《しんぼう》……〟

こんな思いで、その後なんとか続けていました。


月日が経《た》ち、〝そろそろやめよう。宗教は自由だ〟と決心した私は、まず教化部におられた友人の太田冨美子講師に相談しました。太田講師は、

「やめなさいや」

〝やっぱりこれでよかったのだ〟と安心しました。

次は、当時、地元白鳩会の地区連合会会長をしておられた濱田《はまだ》恵美講師のところへ、

おそるおそる出かけました。

「生長の家は大変だからやめます。お寺巡りに行きます」

そう言いますと、講師は、

「そうか、やめなさい。やめなさい」

と、簡単に言われました。

止められるかと思っていましたので、びっくり仰天《ぎょうてん》です。

でも、私が願っていたことでしたので、〝よかった〟とホッとして、自転車のペダルも軽く、ルンルン気分で家に帰ったことでした。

八方塞《ふさ》がりでも天は開いていた

その後、何事もなく過ぎましたが、昭和六十年、主人が仲間の方と四人で共同経営していた会社が、大変なことになりました。

投資過大に不況が重なり、役員の一人が病気で長期休養し、経営不振となったため、とうとう三人の役員を始め、二割の方々に身を引いてもらうという、最悪の事態になりました。

私は唯々《ただただ》、不安と心配で体調を崩《くず》し、どんどん落ち込んでいきました。

何をする気力もなくなり、見かねた娘に病院行きを勧《すす》められる始末。診《み》てもらうと、更年期と重なっていて、自律神経失調症ということでした。

人に会うのもイヤで、家の中の戸を全部閉め切り、枕を抱えてはウロウロ……。犬を散歩に連れて行くときも、下ばかり見て歩いていました。

でも、生長の家では「八方塞《ふさ》がりでも天は開いている」と教えられています。何とかしなくては……

気がつくと、『甘露《かんろ》の法雨《ほうう》』を大きな声で誦《あ》げていました。

『汝ら天地一切のものと和解せよ。天地一切のものとの和解が成立するとき、天地一切のものは汝の味方である……』

またまた太田冨美子講師に相談です。

「出ておいで」

教化部には敷居が高くてとても行けず、教化部の隣りにあるグリーン会館で、太田講師と会いました。

「来た。来た」

ニコニコ顔で迎えてくださった太田講師は、高知県教化部で開かれている練成会に参加するよう勧めてくださいました。

後で知ったことですが、太田講師は、私のために、すぐ神癒祈願《しんゆきがん》＊を出してくださり、祈っていてくださったそうです。

愛とは相手の立場に立つこと

昭和六十一年十月、練成会に参加した私の側《そば》に、濱田恵美講師が寄ってこられました。

「あら、あなた、お寺巡りやめたの？」

「やっぱり生長の家しかない。やめたらいけないことが分かりました」

後は言葉になりませんでした。

練成会では浄心行《じょうしんぎょう》のとき、憎んでいた義姉にお詫《わ》びし、祈り合いの神想観《しんそうかん》では、夫に、父母に、会社の方々に心から感謝しました。唯々《ただただ》、涙でした。

心洗われ、生まれ変わって家に帰ってみると、主人の会社は役員との和解が成立し、事業も好転していました。

濱田講師は、義姉と友達でしたので、私に伝えておきたいことがあると、次のような驚くことを話してくださいました。

義姉は、「出戻り娘が親の世話をすると、嫁よりわが娘がよくなって、嫁もつらいし家もダメになる。私は本当はとてもつらいけれど、心を鬼にして手を出さず遠慮するの。いい嫁だから、きっと分かってくれるときがくるから」と言っていたとのことでした。

私は嫁の立場だけで、〝わが親の世話なのに……。ちょっと手伝ってくれればいいのに、これでも生長の家の講師だろうか〟と裁《さば》いてばかりいました。

『愛とは、相手の立場に立つこと』

と教えていただいたのです。

いまは故人となった義姉。本当に観世音菩薩様だったと、折にふれてその笑顔を思い出し、手を合わせております。

主人の会社はその後、繁栄し、生長の家栄える会*の会員となった主人は、毎日、元気に仕事に励《はげ》んでおります。

私はいまでは、地元白鳩会の支部長をさせていただき、勧められるまま地方講師*にもならせていただきました。また私は、南国市の食生活改善推進協議会の一員として成人病予防・減塩食のすすめなど、健康づくりやリハビリ教室のお手伝いなどさせていただいておりますので、生長の家の活動と、こうしたボランティア活動と合わせて、毎日を充実して過ごさせていただいております。

神に到る正しい道に乗せていただきました私は、生長の家で教えられている「和顔《わがん》・愛語《あいご》・讃嘆《さんたん》」を日々の生活に実践して、人様のお役に立っていきたいと思います。

(平成九年十一月号　撮影／堀　隆弘)

＊神癒祈願＝神の癒しによって問題が解決するように祈ってもらうこと。生長の家本部、総本山、宇治別格本山、本部練成道場などで受け付けている。
＊生長の家栄える会＝生長の家の経済人の集まり。お問い合わせは「生長の家栄える会中央部」へ。(〒一五〇―八六七二　東京都渋谷区神宮前一―二三―三〇　電話〇三―五四七四―六〇九〇　FAX〇三―五四七四―六〇三九)
＊地方講師＝生長の家の教えを居住地で伝えるボランティアの講師。

#「神様の御心を生きる」ことの喜びを知ったとき

鹿児島県鹿児島市　瀬戸口恵美子《せとぐちえみこ》（45歳）

他界した姑の導きで…

生長の家を初めて知らされたのは、十五年前のことです。長男が通っていた幼稚園のPTAのお母さんに、『白鳩』誌を手渡されましたが、ページをめくってみると「神様」とか「神の子」などと書かれていたので「これは宗教だ」と気付き、自分には無関係だと思って放っておきました。

ところが、それから十年が経過した平成六年になってから、この『白鳩』誌を思いだして生長の家との縁が生まれます。

この年、生涯忘れることの出来ない不幸な出来事が我が家にありました。脳溢血《のういっけつ》で入院していた姑《しゅうとめ》が、半年ほどの闘病の末に五階の病室の窓から転落して七十一歳の一生を終えたのです。

姑と私の関係は、嫁いだころはとても気に入ってもらえましたが、あとは悪化の一途です。性格が正反対で、テキパキした姑はのんびり屋の私に苛立《いらだ》つようで何かにつけて強い口調で怒られました。その度合いは年を経るにつれて酷《ひど》くなる一方でした。

そんな姑に対し、私はその場はひたすら耐え忍び、鬱積《うっせき》したイライラはつい子どもたちにぶつけていました。しかし、私は知人から勧《すす》められてある修養団体の教えを学ぶようになり、親孝行の大切さを知りました。姑が倒れて入院したのは、その後のことです。

姑の入院中は、毎日病院に行って真心込めて看病しました。私が食事や着替えの手伝いから下《しも》の世話までさせて頂くと、あの姑が心を開くようになり、「ありがとう、ありがとう」と優《やさ》しく言ってくれるようになりました。これでやっと本当の母娘のようになれると思っていた、その矢先の不幸な出来事だけに、私は泣けて仕方ありませんでした。

そして、四十九日を前に親戚が集まったときのことです。主人には九人の甥と姪がいますが、その中の三人が骨折でギプスをしたり松葉杖を突いたりしていたのです。その異様な光景を目にした私は「姑が何か教えてくれているのでは」と感じ、その瞬間に十年前の『白鳩』誌を思い出して生長の家のことを無性《むしょう》に学びたくなったのです。

さっそく『白鳩』誌を手渡してくれた方に電話をして「生長の家を学びたい」と伝えると、『生命《せいめい》の實相《じっそう》』など五冊の生長の家の本を貸してくれました。そしてその本を読むと驚くほどの内容に魅了されました。

それまで学んでいた修養団体からは、親孝行や夫唱婦随の大切さなどは知らされましたが、神様の存在や祈りについては何も教えてはくれません。しかし、生長の家の本には人間は本来神の子であり、祈りの中で神様に全托《ぜんたく》する道が説かれているのです。読みながら「すごい、すごい」と心の中で連発するばかりで、気が付くと夜が白々と明けていました。

数日のうちに、鹿児島市内にある生長の家教化部の住所を聞いて訪ね、個人指導を受けて生長の家の教えを聴かせていただき、その場で聖使命会*に入会させて頂きました。

それからも生長の家の本を読み、生長の家白鳩会母親教室にも参加して教えの素晴らしさを実感する毎日が続きました。

不思議な経緯から幸いにも生長の家の教えを学ぶ機会を持てた私ですが、これを待っていたかのように、やがて思いも寄らぬ荒波が我が家に押し寄せて来ました。

「生長の家に触れて、神様の御心を生きる最高の喜びを知らされました」
と瀬戸口恵美子さん

我が家を救えるのは

平成八年、実家の父が肝臓ガンで他界しましたが、その後、三人の子どもが相次いで深刻な問題に直面しました。高校に入学したばかりの長男は非行に走り、中学二年の長女は不登校、次女は脊椎側弯《そくわん》症と診断されてしまったのです。

長男は野球が大好きで、甲子園に度々出場している高校に進学しましたが、野球部への入部を断られて「何のために入学したのか」と悲嘆し、やがて問題を起こすようになりました。最初の非行は喫煙程度でしたが次第にエスカレートし、やがて万引き、バイクの無免許運転などで学校や警察に何度も呼び出されました。担任の教師から「こんな子ははじめてです」と呆《あき》れられ、私は泣いて謝るだけでした。

長女は中学二年に進級すると、朝になると腹痛を訴えて一学期から学校を休むようになり、二学期からほとんど学校に行かなくなったのです。原因はいじめで、友達が迎えに来てくれたりしましたが行こうとしません。学校の教師は「登校したくないのなら無理しなくても良いです」と言いましたが、不安な気持で一杯になりました。

　そして、次女は小学六年生のときに学校の健康診断で脊椎の曲がりが指摘され、中学生になるとそれが外見からも分かるようになりました。病院に連れて行くと脊椎側弯症と診断され、成長が止まる高校生になってから手術をすると言われました。手術まではコルセットを着けて生活しなければならず、その手術も「患部が脊椎だけに障害が残ることもある」というのです。

　しかも、困ったことに私たち夫婦も調和しているとは言えません。建設会社に三十数年勤続の仕事熱心な主人ですが、しかし、休日は必ず釣りかゴルフに出かけて家族を顧みない主人に私は常に不満を感じていました。

　私はフルタイムのパートをしていましたが、不登校でいつも家にいる長女のためにそのパートを辞め、しばらくして勤務時間に余裕のあるホームヘルパーになりました。

　仕事を終えて子どもたちの事を考えると、頭が混乱して眠れないこともありましたが、我が家を救えるのは生長の家の教えしかないと思い定め、教化部で紹介された有薗《ありぞの》康子講師に導かれるままに、生長の家の本を徹底して読み、母親教室、誌友会、講演会など生長の家の行事には可能な限り参加して、教えられた通り仏前で聖経《せいきょう》『甘露《かんろ》の法雨《ほうう》』を読誦《どくじゅ》して先祖供養を行い、毎日欠かさず神想観《しんそうかん》を実修して神の子の自覚を深め、神様の御心《みこころ》と波長を合わすように努めました。

変化が訪れる

神想観の祈りの中では子どもたちの笑顔を思い浮かべて「みんな神の子、そのままで素晴らしい！」と認め、健康そのものの次女、元気に登校する長女、素直な長男の姿を心に焼き付けるようにして感謝しました。そして、子どもたちのことは全て神様にお托《まか》せです。主人に対しても、不満ばかり言って感謝の心が不足していたことを、深く反省しました。子どもたちに変化はありませんでしたが、まず主人との関係だけは改善できました。それは、私が主人に対する信頼を深め、一日の出来事を話すようになったからです。もちろん、生長の家で教えられたことも話しました。主人の子どもへの対応は、最初は頭ごなしに叱《しか》りつけるだけで、特に長男に対しては傍目《はため》にも厳しく映りました。けれども、私と話し合うようになってからは、長男が遅く帰っても「観世音菩薩さまのお帰りだね」と言って見守ってくれるようになりました。

長女の不登校に対しても、最初は「無理にでも学校に行かせろ」と怒っていましたが、やがて「厳しく言うだけではだめ」という私の話を受け入れてくれました。

私は「和顔《わがん》・愛語《あいご》・讃嘆《さんたん》」をひたすら心掛けましたが、我慢ができずについ怒ってしまい「神様、ごめんなさい」と心の中で謝ったことも度々でした。

変化が訪れたのは、およそ一年後のことです。まず長女が、中学三年に進級したのを契機に登校するようになりました。クラス替えはありましたが、いじめた相手はまた一緒のクラスとのこと。どうして登校する気になったのか、今も分かりません。

次女も手術をしないで済むことになりました。長男は相変わらずでしたが、最後の一線だけはそれなりに守っていたようで、何とか高校を卒業することが出来ました。将来の夢は「ビルを建てること」で、現在、福岡の建築関係の専門学校で勉強しています。

「神の子」の自覚に目覚める

決して平坦ではありませんでした。教えに触れて、実践して、すぐに問題が解決したわけではありません。苦闘の連続で泣いてばかりの私でしたが、その度に教えにすがりつきました。けれども、その教えの神髄がよく分かりません。頭では「人間は神の子」と理解していますが、何となくピンと来ないのです。これが私の信仰の壁でした。

この壁を超えさせて頂いたのが、平成九年、長崎にある生長の家総本山で開催された母親練成会です。二泊三日のこの練成会で最高に感動したのは、勅使川原《てしがわら》淑子生長の家白鳩会会長*の講話でした。そのお話は、今も心に焼き付いています。

「子どもの病気など、目の前に現れている不幸なことは、全て自分の心から出ています」

この言葉に、私はハッとしました。勅使川原会長のお話はさらに続きます。

「神の子の自覚に目覚《めざ》めることですよ。神の子の自覚というのは、常に神様の波動に乗って、神様の心を生きるということです。神様の心を生きるというのは、一瞬一秒が、これは私がしているんじゃない、神様がしているんだ……、神様だったらどうするかな、と常に神様の波動に自分を乗せて、ここから外《はず》れないように、転んでもすぐに戻《もど》れるようにして、神様の心を生きることです……」

私は、「あぁ、そうなんだ、神の子の自覚ってそうなんだ！」とお腹《なか》の底から分かりました。今まで味わったこともない喜びが沸々《ふつふつ》と湧《わ》いて来て、感動は大きくなるばかり。

目に見えるもの全てが輝き、自宅に帰って「これも神様の現れか」と思うと、畳もテーブルも茶碗も輝いて見えました。

感動覚《さ》めやらぬ中で、私は「主人にハイと従うことに徹しよう」と心に決めましたが、釣りとゴルフに精を出す相変わらずの主人に、つい不満が頭をもたげます。けれども、こんな私で良いのだと思えます。転んでもその度に元に戻って神様の心を生きればいいのですから。そう思うと、心に余裕が生まれ、主人のそのままの姿を受け入れられるようになっていました。

ホームヘルパーの仕事は今も続けていますが、最近はこの仕事がいよいよ尊いものに思えてきました。ケース（利用者）は、リューマチのおばあちゃん、脳溢血で片半身が麻痺になった五十歳代の女性、アルコール依存症ぎみで精神が不安定なおじいちゃんなど、様々な不幸を抱えた方が多いのが現状です。

ケース宅に行くとき、私はその方の顔を思い浮かべて祝福します。そして、家事や介護をさせて頂きますが、その合間にお話を聞いて上げたり、優しく励《はげ》ましたりします。ケースへの伝道は厳禁ですが、こうした心のふれ合いだけでも救いになります。

嫌われ者のおじいちゃんがいましたが、私は彼の実相（神が創《つく》られたままの本当の相《すがた》）を観じ続けました。するとある日、自分の不幸な生い立ちと若いころに犯した罪を涙ながらに語ってくれました。私は溢《あふ》れ出る涙の中で、「つらかったのね」と言って何度もうなずき、悲しみを受け止めました。

そして、我が家ですが、今は喜びに満ちあふれています。以前の主人は家事は一切しませんでしたが、最近は私が白鳩会の活動で帰りが遅くなると、食事の片づけから掃除までしてくれることもあります。私も主人への愛情表現を心がけています。主人が帰宅すると以前は、味気なく「おかえり」と言うだけでしたが、ちょっと前から「おかえり」と言って抱きついています。最初は「どうした、どうした」と言って驚いていましたが、今では嬉《うれ》しそうにしています。

これからも、神様の御心を生きる素晴らしい日々を過ごさせて頂きます。

（平成十二年二月号　撮影／原　繁）

＊聖使命会＝生長の家の運動に賛同して、月々一定額の献資をする「生長の家聖使命会」のこと。
＊勅使川原淑子生長の家白鳩会会長＝執筆当時。現在、勅使川原氏は生長の家アメリカ合衆国教化総長。

●生長の家練成会案内

総本山……長崎県西彼杵郡西彼町喰場郷1567　☎0959-27-1155

　＊龍宮住吉本宮練成会……毎月１日〜７日（１月を除く）

　＊龍宮住吉本宮境内地献労練成会……毎月７日〜10日（５月を除く）

本部練成道場……東京都調布市飛田給2-3-1　☎0424-84-1122

　＊一般練成会……毎月１日〜10日

　＊短期練成会……毎月第三週の木〜日曜日

　＊光明実践練成会……毎月第二週の金〜日曜日

　＊経営トップセミナー、能力開発セミナー……（問い合わせのこと）

宇治別格本山……京都府宇治市宇治塔の川32　☎0774-21-2151

　＊一般練成会……毎月10日〜20日

　＊神の子を自覚する練成会……毎月月末日〜５日

　＊伝道実践者養成練成会……毎月20日〜22日（11月を除く）

　＊能力開発研修会……（問い合わせのこと）

富士河口湖練成道場……山梨県南都留郡富士河口湖町船津5088　☎0555-72-1207

　＊一般練成会……毎月10日〜20日

　＊短期練成会……毎月月末日〜３日

　＊能力開発繁栄研修会……（問い合わせのこと）

ゆには練成道場……福岡県太宰府市都府楼南5-1-1　☎092-921-1417

　＊一般練成会……毎月13日〜20日

　＊短期練成会……毎月25日〜27日（12月を除く）

松陰練成道場……山口県吉敷郡阿知須町大平山1134　☎0836-65-2195

　＊一般練成会……毎月15日〜21日

　＊伝道実践者養成練成会……（問い合わせのこと）

○奉納金・持参品・日程変更等、詳細は各道場へお問い合わせください。

○各教区でも練成会が開催されています。詳しくは各教化部にお問い合わせください。

○海外は「北米練成道場」「ハワイ練成道場」「南米練成道場」等があります。

生長の家本部　〒150-8672　東京都渋谷区神宮前1-23-30　☎03-3401-0131　FAX03-3401-3596

教化部名	所　在　地	電話番号	FAX番号
静岡県	〒432-8011　浜松市城北2-8-14	053-471-7193	053-471-7195
愛知県	〒460-0011　名古屋市中区大須4-15-53	052-262-7761	052-262-7751
岐阜県	〒500-8824　岐阜市北八ッ寺町1	058-265-7131	058-267-1151
三重県	〒514-0034　津市南丸之内9-15	059-224-1177	059-224-0933
滋賀県	〒527-0034　八日市市沖野1-4-28	0748-22-1388	0748-24-2141
京　都	〒606-8332　京都市左京区岡崎東天王町31	075-761-1313	075-761-3276
両丹道場	〒625-0081　京都府舞鶴市北吸497	0773-62-1443	0773-63-7861
奈良県	〒639-1016　大和郡山市城南町2-35	0743-53-0518	0743-54-5210
大　阪	〒543-0001　大阪市天王寺区上本町5-6-15	06-6761-2906	06-6768-6385
和歌山県	〒641-0051　和歌山市西高松1-3-5	073-436-7220	073-436-7267
兵庫県	〒650-0016　神戸市中央区橘通2-3-15	078-341-3921	078-371-5688
岡山県	〒703-8256　岡山市浜2-4-36(仮事務所)	086-272-3281	086-273-3581
広島県	〒732-0057　広島市東区二葉の里2-6-27	082-264-1366	082-263-5396
鳥取県	〒682-0022　倉吉市上井町1-251	0858-26-2477	0858-26-6919
島根県	〒693-0004　出雲市渡橋町542-12	0853-22-5331	0853-23-3107
山口県	〒754-1252　吉敷郡阿知須町字大平山1134	0836-65-5969	0836-65-5954
香川県	〒761-0104　高松市高松町1557-34	087-841-1241	087-843-3891
愛媛県	〒791-1112　松山市南高井町1744-1	089-976-2131	089-976-4188
徳島県	〒770-8072　徳島市八万町中津浦229-1	088-625-2611	088-625-2606
高知県	〒780-0862　高知市鷹匠町2-1-2	088-822-4178	088-822-4143
福岡県	〒818-0105　太宰府市都府楼南5-1-1	092-921-1414	092-921-1523
大分県	〒870-0047　大分市中島西1-8-18	097-534-4896	097-534-6347
佐賀県	〒840-0811　佐賀市大財4-5-6	0952-23-7358	0952-23-7505
長　崎	〒852-8017　長崎市岩見町8-1	095-862-1150	095-862-0054
佐世保	〒857-0027　佐世保市谷郷町12-21	0956-22-6474	0956-22-4758
熊本県	〒860-0032　熊本市万町2-30	096-353-5853	096-354-7050
宮崎県	〒889-2162　宮崎市青島1-8-5	0985-65-2150	0985-55-4930
鹿児島県	〒892-0846　鹿児島市加治屋町2-2	099-224-4088	099-224-4089
沖縄県	〒900-0012　那覇市泊1-11-4	098-867-3531	098-867-6812

●生長の家教化部一覧

教化部名	所　在　地	電話番号	FAX番号
札　幌	〒063-0829　札幌市西区発寒9条12-1-1	011-662-3911	011-662-3912
小　樽	〒047-0033　小樽市富岡2-10-25	0134-34-1717	0134-34-1550
室　蘭	〒050-0082　室蘭市寿町2-15-4	0143-46-3013	0143-43-0496
函　館	〒040-0033　函館市千歳町19-3	0138-22-7171	0138-22-4451
旭　川	〒070-0810　旭川市本町1-2518-1	0166-51-2352	0166-53-1215
空　知	〒073-0031　滝川市栄町4-8-2	0125-24-6282	0125-22-7752
釧　路	〒085-0832　釧路市富士見3-11-24	0154-44-2521	0154-44-2523
北　見	〒099-0878　北見市東相内町584-4	0157-36-0293	0157-36-0295
帯　広	〒080-0802　帯広市東2条南27-1-20	0155-24-7533	0155-24-7544
青森県	〒030-0812　青森市堤町2-6-13	017-734-1680	017-723-4148
秋田県	〒010-0023　秋田市楢山本町2-18	018-834-3255	018-834-3383
岩手県	〒020-0066　盛岡市上田1-14-1	019-654-7381	019-623-3715
山形県	〒990-0021　山形市小白川町5-29-1	023-641-5191	023-641-5148
宮城県	〒981-1105　仙台市太白区西中田5-17-53	022-242-5421	022-242-5429
福島県	〒963-8006　郡山市赤木町11-6	024-922-2767	024-938-3416
茨城県	〒312-0031　ひたちなか市後台字片岡421-2	029-273-2446	029-273-2429
栃木県	〒321-0933　宇都宮市簗瀬町字桶内159-3	028-633-7976	028-633-7999
群馬県	〒370-0801　高崎市上並榎町455-1	027-361-2772	027-363-9267
埼玉県	〒336-0923　さいたま市緑区大間木字会ノ谷483-1	048-874-5477	048-874-7441
千葉県	〒260-0032　千葉市中央区登戸3-1-31	043-241-0843	043-246-9327
神奈川県	〒246-0031　横浜市瀬谷区瀬谷3-9-1	045-301-2901	045-303-6695
東京第一	〒112-0012　文京区大塚5-31-12	03-5319-4051	03-5319-4061
東京第二	〒183-0042　府中市武蔵台3-4-1	042-574-0641	042-574-0642
山梨県	〒406-0032　笛吹市石和町四日市場1592-3	055-262-9601	055-262-9605
長野県	〒390-0862　松本市宮渕3-7-35	0263-34-2627	0263-34-2626
長　岡	〒940-0853　新潟県長岡市中沢3-364-1	0258-32-8388	0258-32-7674
新　潟	〒951-8133　新潟市川岸町3-17-30	025-231-3161	025-231-3164
富山県	〒930-0103　富山市北代6888-1	076-434-2667	076-434-1943
石川県	〒920-0022　金沢市北安江1-5-12	076-223-5421	076-224-0865
福井県	〒918-8057　福井市加茂河原1-5-10	0776-35-1555	0776-35-4895